Islamic lullabies

Firdos Tarannum

 pencil

ISBN 978-93-5610-841-7
© Firdos Tarannum 2022
Published in India 2022 by Pencil

A brand of
One Point Six Technologies Pvt. Ltd.
123, Building J2, Shram Seva Premises,
Wadala Truck Terminal, Wadala (E)
Mumbai 400037, Maharashtra, INDIA
E connect@thepencilapp.com
W www.thepencilapp.com

DISCLAIMER: *The opinions expressed in this book are those of the authors and do not purport to reflect the views of the Publisher.*

Author biography

Firdos Tarannum is a teacher , with a degree in bachelor of science.

She completed her school education in holy family school of Sindhanur, and completed her science field education in a renowned college called smj pu college, sindhanur.

Firdos Tarannum always admired of educating herself and others around her , she lived her life to the fullest before marriage and Alhamdulillah her every dream of educating the children completed.

She taught some religious topics to the students of an islamic school where her parents studied which was a stepping stone of her teaching field, she completed the degree and started teaching in the same year immersing herself into two different roles everyday.

She also gave tuition classes for the kids and also actively participated in courses of Islamic organisation held every week and ten days in summer months

She also served as a science teacher in her own learned school for a year , which was a proud moment for her teacher seeing their student sitting with them on the same post at such an early stage.

Lockdown throughout the world stopped the teaching of many teachers and one among them was firdos too.

She completed her degree on the other hand successfully just before lockdown.

During the times of lockdown she used them in a good way by handling around motivational or councilling sessions as her second dream is to help people with her words which have an immense effect on one's mind as people are often get themselves in depression and stress.

She got married and gave birth to a wonderful son in a year of marriage itself Alhamdulillah. But this didn't stop her from completing her dreams.

Tarannum is a housewife and a mother, who recently inspired herself to write the books after finding her love towards studies, she loved reading and was always appreciated for her work either for her teaching of 3 years or a councilling sessions.With her support of her spouse she now balances her work,child and book

Her only dream is to, then to try have a weekend class for neighborhood children and often conduct workshop for dealing with mental health. At the same time , keeping herself educated and learn something everyday and teach something often so that this journey of her is continued by her children in sha Allah.

If one loves something truly then it is the sole responsibility of oneself to take care of surroundings and their talent as well while fulfilling all their responsibilities

CONTENTS

Preface

The following book has two sections one with font of italic is common points covered about religion.
The other section comprises of the Stories of prophets in a poetic way leading to the better understanding about religion to kids.

Kids love listening to stories thus the author has tried to put the stories in a poetic way so that kids enjoy listening, understanding and remembering them for a long period of time.

Acknowledgements

In the name of Allah, the Entirely Merciful, the Especially Merciful.

[All] praise is [due] to Allah, Lord of the worlds – The Entirely Merciful, the Especially Merciful,

Sovereign of the Day of Recompense. It is You we worship and You we ask for help.

Guide us to the straight path –The path of those upon whom You have bestowed favor, not of those who have evoked [Your] anger or of those who are astray.

-AAMEEN

Introduction

The book is a collection of islamic lullabies for kids right from newborn to toddlers, at this age baby is quite attached to mother's voice, touch and everything. This book shares some wonderful poems which connects the child to it's religion right from his birth.

The written poems also has some of the Stories of the prophets which sub consciously fits in the mind of child that helps him to know more about his religion.

This book can also serve as a wonderful medium to develop the bond between mother and child to their creator ALLAH.

HUUD alayhis salaam

Sunna hai tumko ab huud ke baare me
Qoum ka naam tha aad ke baare me
Pehla qoum jisne tha arabi seekha
aur jisne buth parasti kee

Nabi ne ki thi laakh manayi
Tawheed to tha bohot sikhaya
par logo ne unki ek na suni
aur unka srif mazaaq udaya

Khuda se ye saha na gaya
ek aafat ne unko aaliya
Baadal ek bada un par chaaya
Logo ne baarish ki ummeed lagaya

par usse barsa ek azaab bada
ke logo ka sar ounda ho ke gira
Hafte tak jaari tha vo ghadi
Ke puura sheher ulat hi padi

kuch na eaha unme baaki
Khuda rahe na koi saathi
samajlo ay qoum jo hai zinda

ADAM alayhis salaam

chalo mai tume Sunao adam ka khissa
Jo insano ka pehla tha hissa

Allah ne unko hai mitti se banaya.
Farishto se usko sajda karvaya
jino me se ek jin ne kiya mana
Allah ke gusse ka sabab vo bana

Allah ne pucha ye iblees se
Kis cheez ne tujko isse hai roka
guruur se bhare iblees ne kaha
mai hun bada ke mai aag se hun bana

Gurur ne uski akal maar hi daali
iblees se vo shaitaan kehlaya
Allah ne usko phir saza sunayi
Jannat se nikla vo hui uski rusvayi

iblees ne mangi mohollat Allah se
Ke insano ko vo rahe bhatkaye
Allah ne di ijazat Qayamat tak
Take duur kare vo seedhi raah se

Adam Ko Allah ne hukm hai kiya
Aur jannat me vo maze se raha

ek ped se usko kiya tha yun mana
Ke uske nazdeek bhi tum na jana

Adam ne uspar apni haami bhari
Allah ne banaya uske liye jodi
Havva tha uska naam aur adam ki jodi
waada tha ke karenge ped se duuri

Adam ne shaitan ko tha Haraya
vasvaso ko dil se tha na lagaaya.
 shaitan dheere se pohcha havva ke paas
dilayi ped ki usko har ek aas

Aakhir ko dono khagaye phal ped ke
duur hogaye unse jannat ke nemate
 Allah ne phir unse gussa jataya
 Galti ka tha unko ehsaas dilaaya

Zaaro khattar dono bohot the roo pade
mangi maafi bohot aur hogaye Khade
 Allah ne unko is par maaf kardiya
Naseehat ka talma bhi sikhadiya

sabko phir duniya me tha bheja
Jisko Allah ne tha banaya
is tarah aye duniya me pehle maqluq
unse hi to insan badta gaya

shaitan aur imaan ki jang hui shuru
 Jo Qayamat tak rahegi chalu

Allah bachaye hume is shaitan se

uske aur saare vasvaso se
ke hum saare hai aulad adam ke
To duniya me pehle nabi the bane

NUUH alayhis salaam

Sunna hai chalo ab nuuh ka khissa
Khandan-e- Adam ka hissa
Nuuh ki qoum ne shuruvat ki thi
Nek logo ki thi buth banaaani

sheher se lekar har ghar me hua
bhut ki ibadat shuru tha hua
Nuuh ne bohot thi Koshish Ki
Qoum ko har acchi baat sunayi

par qoum ne unki ek na suni
 Aur nuuh ne us jagah ko chodi
Banayi ek kashti bohot badiya
 banavat me jiski na thi kamiya

 Nuuh us Kashti me baitgaye
Har janvar ka joda saath liye
 par unhi ki aulad thi kaafir
Na hua tha is kashti me shaamil

 Tay hogaya pani me safar
 Rehgaye kafir khade haskar
 ek bade tufan unko aaliya
Kafir pani me tha duuba

Jagah hui aesi ke koi na tha
  Paak jaise tha koi na basa
  Kashti dheere se aakar ruki
shuru hua tha pahad-e-judi

is tarah To ek Qoum barbad hua
To duuja qoum nek hua
Allah karta hai barbaad usko
Jo na maane khuda ki baat ko

ZIKR

Har kaam se pehle bolo
BISMILLAH
panah ho mangna
AAUZUBILLA
Allahu Allah bolo Allahu Allah

Acchi cheez dikhe to
MASHALLAH
Gunaaho ki maafi ko
ASTAGFIRULLAH
Allahu Allah bolo Allahu Allah

khuda ka hai shukr
ALHAMDULILLAH
khuda ki hai khudrat
SUBHANALLAH
Allahu Allah bolo Allahu Allah

Behtareen zikr konsa hai
LA ILAAHA ILLALLAH
Allahu Allah bolo Allahu Allah
Allahu Allah bolo Allahu Allah.

NABI

Sunne ka dil karta hai baar baar
Nabiya hai 1,24,000

Pehle is duniya me aaye ek nabi
shaqs bhi the pehle ADAM nabi
Adam ki aulaad bhi ek nabi
unka naam tha SHEET nabi

machli ke pet me gaye ek nabi.
vaapas bhi aaye YUNUS nabi
sabr ki seekh dene vaale nabi
Sabr vaale the AYUB nabi

Qirat se jiske hilte pahaad
vo the Pyare DAUDnabi
unke bete the SULEMAN nabi
Jo jaante har janvar ki boli

khubsurat the ye nabi
Nuur se bhare YUSUF nabi
kaaba ko banane vaale nabi
IBRAHIM aur bete ISAMAILJ nabi

Gunah kiya bada is Qoum ne
us qoum me the LUUT nabi

jis qoum me nishani ayi ek uunt ki
Qoum me the SALEH nabi ki

Bachpan me hi jinke bol bohot saaf the
vo hai pyaare ISA nabi
Firoun se ladne vaale nabi
MUSA aur bhy HARUN nabi

Aaqri aaye duniya me nabi
MOHOMMAD pyare hai ye nabi
Unke baad koi nabi na hai
Hum sab usi ki ummat hai.

YOU DON'T

you don't wanna pray for 5 times.
wanna see yourself safer side
How can it be possible
when you are not on the right path

You don't wanna say Alhamdulillah
Always say just inshallah
Commiting sins Astagfirullan
start again with bismillah

just sit and cry infront of Allah.
be in sujud for just a while
you'll feel peace in your heart
which you never felt till in life

Help me Allah, it's gonna be tough
Don't be with me that so rough
Forgive for sin which i enjoyed
All the bad deeds & the fight

I dn't wanna see myself in hell
forgive me before death of bell
Save me and all from hell of bar
Allahumma ajirni minannar.

NAMAZ

Bado se lekar budo tak
Farz ye namaz hai
chodne par milni hai Saza
Majburi ho to karliya karo qaza

safar par hoo ya hoo sehat nazas
baitkar letkar ishare me padlo namaz
Aalsipan me agar namaz na padoge
To khud ko jahannam me paaoge

Baccho ko bhi namaz sikhadiya kar
To paaoge nekiya tum bhi beshumar
karna hai agar pulsiraat paar
To namaz k tayyari acchi kar

Namaz to sukun se padliya kar
Ghulam ki tarah jhukake apna sar
padha kar namaz bus ek shart par
Yaqeen hai srif ek khuda par

kiya tune aisa to nek banjayega
jannat me khud ka ek ghar payega
Bado se lekar budo tak
Farz ye namaz hai

chodne par milni hai Saza
Majburi ho to karliya karo qaza

SHUKRANALLAH

chahe din din ya raat ya koi kaam
Shuru karo bus lekar Allah ka naam
bolo har dum bus Allah Allah
ya kaho bismillah

Quda ki banayi koi cheez tuje
khubsurat agar lagti hai
Tarif kar us rehman ki
bol mashallah lagti hai

Tabiyat agar nazas hai
magna shifa khuda se hai
Jo tuje vo tandrust karde to
bolna Alhamdulillah hai

koi kaam jab rahe adhura
Na keh, hoga vo puura
Adhure ko Allah kare hai puura
bolna hai tuje bus in sha Allah

Hojaye tumse gunah ek agar
Chota ya bada hoo magar
Aadat banalo kehne is Qadar
maafi maangna istegfaar bolkar

NEMATEIN

Baarish ki vo buunde
Agar duniya me na baraste
To pyaase rehjate sab
Kya mout ko tum na bulaate

Mitti na deta Khuda
To kaise tu ped ugata
Meeta sa vo phal na milta
bhuuk se tu tadup jaata

Soch agar Allah aag na deta
To dosage aag ka dar kaisa hota
Duniya me bhu tera chula na jalta
shayad hi bhuuk se tu mar jaata

Agar Allah tuje musalman na banata
To jannat ka rasta kaise malum hota
jisne tuje zindagi dee
gurur usi par tune hai kiya
isliye bus shukr kar Allah ka
uske diye har din har lamhe ka.

YAAD

Har vaqt kar Allah ko yaad
ek vahi hai, jo dega tera saath

Bheed me ho ho tu tanha
Allan ko kar tu yaad har lamha
kaam hai iblees ka tuje bhatkana
Jisko harakar tujko hai jeetna

Jab bhi karne ka bure kaam
Qayal b agar aaye tuje
To pehle karne chal vazu
namaz se mile hai sukun tuje

yaad rakh, ye hai ek nek baat
chodega buria to khuda hoga saath
is baat ko dimag me bandle gaanth
phir duniya me darne ki na hogi koi baat

KITABEIN

Allah ne naazil kiye 4 kitabain
Taurat, Zabur, injeel awr Quran hai

Allah ne utari is kitaab ko
Taake mile hidayat is ummat ko
kitaabo ko laate rahe jibreel farishte
Sar ankho par Allah ke hukm Ko

kitaab jo utaari thi vo TAURAT Hai
jin pe thi utaari vo MUSA nabi hai

ZABUUR bhi utari gayi ek kitab hai
DAWUD nabi par iska zimma hai

ISA nabi bhi ek kitab the laye
us kitab ka naam INJEEL kehlaye

Kitab aaqri vo QURAN hai
jisko the laye vo MOHOMMAD hai

Mitgaye kitabe sare sivaye Quran ke
Rehgayi yahi kitab is duniya me
kitabo par eeman laana farz tumara
Taake mile duniya me khuda ka sahara.

KYA KYA BANAAYA

kisne banaya tumko
kisne banaya humko
Kisne banaya sabko,
Allah ne Allah ne(4)

kya kya banaya Allah ne
ped, paude, jaanvar ko
Nadiya samandar ko
in sab ko banaya Allah ne

Kya kya banaya Allah ne
Ghar chath aur rizq ko
Hava paani baarish ko
in sab ko banaya Allah ne

kya kya banaya Allah ne
Tumare ammi abbu ko
Dada aur dadi ko ,
nana aur nani ko

Aunty aur phuppho ko ,
chacha aur mamu ko
Didi aur bhyya ko
Haath pair aur ankho ko
is khubsurat chehre Ko

in sabko banaya Allah ne
Allah ne Allah ne(4)

KYA KARINGE

Jaldi Jaldi bade hoke kya karinge
paanch waqt ki hum namaz padinge
Ramzan ke puure puure roze rakhinge
Ammi abbuk saath hum haj karinge

Jaldi Jaldi bade hoke kya karenge
Masjid ke hum imaam baninge
Quran ko hum padna seekhinge
Dusso ko hum Quran sikhayinge

Jaldi Jaldi bade hoke kya karenge
Acchi si avaaz me azaan denge
Acche bacche banke hum dikhayinge
. Nabi ke sunnat par hum chalenge
sab ke saath nek baat hum karinge

Jaldi Jaldi bade hoke kya karenge
Acche Acche khisse hum suninge
Kirdaar to hamere nek karinge
Jannat ki tayyari hum karinge

Jaldi Jaldi bade hoke kya karenge
Roz ek nayi dua hum seekhenge
Duao me sabko hum yaad rakhinge.
Jaldi jaldi bade hoke kya karenge....

FARISHTE

khuda ke maqluq hai farishte
srif Allah ka sunte hai farishte
Jaan lete hai chalo unka naam
 saath me karne vale unke kaam

Awwal me hai jibreel farishte.
Har nabi ke saath rahe ye farishte
Nabiyo tak paigam ye pohchate
Allah ka hukum nabiyo ko sunate.

sab ke saath rehne vale do farishte
 kiraman kaatibeen hai farishte
 Acche bure kaam sab ke likhte
 Jo har insaan hai karte

Allah ka hukum sunte ye farishte
Naam hai inka mikail farishte
hukum par barish ye barsaate
 duniya me paani ye hai laate

Intezaar me hai ab ye farishte
 Naam hai israafil farishte
 hukum par sur hai ye phunkte
 Sur phunkar Qayamat laate

Insaan ko milne vale ye farishte.
malikul mout hai ye farishte
insan ki ruh ye hai kheenchte
Duniya se qabar tak hai pohchate

Ramzan me utarne vale ye farishte
Qadr ki raat me ye utarte
rehmat bankar hai baraste
Duniya me duaein ye hai laate

Aaqir me hai do aur farishte.
munkar nakir hai ye farishte
Un se saval hai ye puchte
Qabr me sab se ye hai milte

Behtareen maqluq hai farishte
khuda khudrat hai farishte.
Aur bohot saare hai farishte
Hukm sunne vaale ye farishte.

SALEH alayhis salaam

Samud Qoum me the saleh nabi
Jisme aayi thi uunt ti nishaani
jab saleh nabi thak se gaye
ke log Allah pe imaan na laaye

shart thi unki ek uunt mile
Jo ek patthar se the banaye
Allah ne thik dua qubul ki
par logo ne thi nafarmani ki

shart thi ke rahe vo zinda
Peeye vo pani aur log apna
par logo ne milkar ye dekha
ke uunt ne bohot tha pani peeya

Tesh me aakar shart the bhule
aur uunt ko mout ke ghaat utaare
uunt ke bache ne cheekh maari
usi ke pukaar par thi aafat aayi

5 din baad chehre syaah hogaye
dhamake ne Sabke ruuh the liye
pad gaye vo jaise saqt the patthar
Na jaan thi baaki na thi koi pukaar

nabi saleh ye Kehkar guzre
gunah kargaye sab hadh se badkar
koshish ki thi laakh maine
bus khatm kardiya ab mere khuda ne

Allah ko na tum chunouti dena
Mushkil hai uski saza sehna
Bus na tum gunaah me duub janna
ke uske hai tume hisaab dena

LUUT alayhis salaam

Ibrahim nabi ke kehne par
luut nabi chale dusre sheher
Qoum ne kiya tha ek bada gunah
jiski mili thi unko saqt saza

Luut samjhakar thak the gaye
 par qoum gunah me badte gaye
Luut ke paas aaye the fasishte
 qubsurat aur mehman the banke

 logo ne unpar hamla kiya
 Mehmano Ko havaala karne kaha
 farishto ko tha Allah ne bheja
 unhone azaab ka paigaam tha de diya

 kaha luut Se ke nikle vaha se
 lekar momino ko is jagan Se
 Hote hi subah hua azaab naazil
 Aag ki baarish aur pathrav k saazil

 luut ki bivi thi saza me shaamil
 sheher pura kar aundha hogaya
 Azab se gunah khatam hogaya

 Is qisse se tum kuch aur seekh ko

Batati hai is gunah ki gehrayi ko
Gunah e kabeera ko aam na banana
Kahi pad na jaaye tume bhi azaab ko sehna

DAUD alayhis salaam

Daud nabi ke baare me jaano
Jinki mili thi zabur maano
 unke khaasiyat thi unki avaaz
 aur himmal thi badi unki saaz

 Jab bhi vo karte zikar Allah ka
 Har cheez, jaanvar saath deta
 unki quvvat ki baat anokhi
 ke Sahi karte vo faisla unki

 Shaan alag thi unki Jo
 Ke kai na tha aata ladne ko
40 saal tak hukm vo the kare
 koi na siva unke ghar me jaate

 ek dafa ek shaqs aaya ghar me
 puche daud ke kya kaam hai
 vo bola puura karna muje hukum hai
 Samjhe the daud mout hai saamne
 kaha ke lelo meri ruuh ko ab
 Aur is tarah daud chodgaye sab

SULEMAN alayhis salaam

Suleiman nabi ka khissa sunenge
 Aur unke bare me hum jaanenge
  vo the to daud nabi ke aulaad
  aur siyasat badi vo sambhalte

vo bus dua the ye karte rehte
Ke mere baad ye kisi ko na mile
 ek baar namaz-e-asr chuutgayi
 Aur fouran touba unhone kee

Allah ne unhe bohot tha baqsha
 havao ka vo ruq the badalte
  Jino ko dek kar baat bhi karte
  Janvaro ki boli bhi samajhte

hudhud parinda ek tha bada pyara
 nabi ka vo tha dulaara
  ek baar unko gussa aaya is par
   ke vo nabi se tha na milpaaya

Aane par usse tha pucha
 ke tu milne mujse keu na pohcha
  bataya hudhud ne jo tha dekha
  ek jagah par jaha suraj rab tha

Hukum ek aurat ka tha vaha chalta
ye sab kuch hai maine tha dekha
Suleiman ne vaha ek khat tha bheja
. khabar ke saath Allah ka zikr kiya

hairan sanik aur wazeer hue
Ke kis rab ka zike ye hai kahe
Suleman ne unko davat dee the
apne yaha aane ki darqast kee thi

baitak aane se pehle tha pohcha
boli rani ke ye asal me hai mera
dheere se vo pohchi sheesh mehel me
uthaye pair me vo dale paani me

pani nahi ye to farsh-e-aina hai
dekhkar chouki ki itna ye saaf hai
chouki thi rani intezaam dekh kar
nabi ki pohonch soch kar

Qubul kiya deen usne ye dekhkar
rahi vo ek momin bankar
ek baar ki to ye baat hai
Apni fouj lekar nabi the chale

cheetiyo me thi bhagdad machi
Sardaar cheek pukaar suni Nabi ki
bhago Fouj hai yaha aarahi
Ke vo na hume kuchle kahi

ye sunkar nabi the muskuraye
ke cheeti ki baat bhi yun sunaye

khuda ka shukr yun bachaa laye
ke nemat se tha usne navaze

Jino ke kuch kaam to nabi the dete
pakde hue laathi khuda to loutgaye
Na jin na insaan ye pehchan paye
ke nabi hogaye the khuda to pyaare

jab keedo ne khaliya tha laati ko
Na pakda kisi ne suleman nabi ko.
ye dekh kar sabko malum tha hua
ke pyare nabi ka inteqaal hua

chahe tumare paas kitna maal hoo
Tum phir bhi sab ke barabar hoo
mout sab ki tarah tum ko aayegi
Na maal na kuch bus amal loutegi

MUSA alayhis salaam

Ab kahaani hai musa nabi ki
Jab the nabi vo paida hue
Tab the haal-e-pareshani me
ladko ka qatl karne ka tha hukum

ladkiyo ko jeene dene me
dar se sehm, maa ko beta hua
To nadi me usko usne bahaya
behna ko choda unke peeche

ke dekh aaye unke thikane
Rota hua baccha ruka mehel me
dekh le liya rani ne godh me
fikar se gayi behna maa ke paas

boli thi uske raaz ki baat
Rani ne musa ko apnaaliya
Duud ko pilane maa ko chunliya
Pale bade rahe musa mehel me

Katl hogaya ek baar unke haath
aur bura hone vaala tha unke saath
chup chaap sheher se nikle the vo
ek gaav me jaake basgaye vo

Nikah kar days saal mukammil kiya.
Allah ke hukum se vaapis hua
Raaste me aag ne unhe tha roka
Do nishani Jo unpar tha utra

bagal se nikli ek cheez chamakti
To asaa phenka to saanp banti
ye dekhkar vo kaampte rahe
phir Allah ne yun sahara diye

bole tera bhy bhi ab nabi hai
Leke tu jaa firoun ki taraf
bulakar usko ye dikhaa nishaani
Khatam kar uski bhut parasti

Jab firun ne isko kaha tha jaadu
sheher se bulaya Jadugar ko
Jab jadugar sab hogaye nakaam
To musa ki nishani ka dekhe anjaam

saare logo ne yun sajda kiye
Aur the musa ki baat to maane
firoun se ye dekh sehen na hua
Aur mout ka hamla usne kiya

Raato raar musa leke nikle
Nek logo ko saath apne the leke chale
firoun saath apne sipahi liye
unke peeche vo bhi nikle

Aaqis to raasta hogaya khatam
demh kar rehgaye khade sab dang

Samandar me khada yun asa maara
Paani ke do hisso ko paaya

saath apne vo sab ko lekar
Chaldiya musa raaste par
firoun dekh kar hairan hua
Jab musa ne paani ko paar Kiya

To samandar ne firoun ko le duuba
cheeqta hua vo eeman laakar
Par vo eeman tha dagmagaakar
vo eeman tumara hai bekaar
To mazbut hoo mout ke vaqt par.

ELIAS alayhis salaam

Elias nabi ke baare me ab suno
Ke bheje gaye the balbek ke logo ko
 vo karte the ibadat ba-al ki
 vo bhut tha aur khuda tha unka

Jab elias ne ki koshish beshumaar
to log uthaane lage uspe hatiyaar
unse bachkar vo gufa me chupe
usi ke andar vo dus saal base

Jab vo pohnche ek raja ke paas
 To bohot se logo ne maana Unki baat
 eeman laaye ek badi tedat ne

 par raja ne hukm de diya sabko
 ke maara jaaye eeman laane vaalo ko
 Aur har ek ko pakda Raja ne
 utaara unko mout ke ghaat ko

 Thoda sa hi par rahe ye nabi
 saffat sureh me deko zikr e-nabi

YUSUF alayhis salaam

chalo mai tume sunwo yusuf ki kahani
Jo khubsurti ki hai nishaani
 Yusuf ke the Pyare se 11 bhy
 par pyaar vo kabi the na dikhaye

bachpan me yusuf ne ek khvaab tha dekha
Jisko jaakar apne baap ko kaha
 Suraj chand sitaare sajde kiye
 sunkar baap tameer samaj hi gaye.

kaha te rehna chup tum sab se
 Na karna ziko apne bhyyo se
  Baap ka pyaar us par badta gaya
   hasad ne bhyyo ko gher hi diya

Dekar bahana saare yusuf ko legaye.
 kuwe me dalkar unko the loute
  bhediya ne khaliya usy ay mere baba
yaqeen karein hamara humne kuch na kiya

baap ne unke jhuth par kiya na yaqeen
Aur khud to bus tha dilasa diya

yusuf ko ek karvaan utha legaya
 bade se mehel me khareeda gaya

Raha vahi vo acche se seekhta gaya
umar ke saath nuws bhi badta gaya

Azeez ki bivi to tha ye bhaagaya
usne isme tha phasaaya
saalo tak yusuf Qaid me raha
bekasuur tha bus sabr hi bya

Qaidi dost unka ek chuut gaya
Apni rihayi ki baat unko kaha
Nikal kar dost bahar bhuul gaya
saalo tak yusuf band hi raha

Pareshaan hua azeez ek khvab se
Jiski tameer mili yusuf se
bahar nikalkar pohche ek ohde pe
Sambhala riyasat to bohot pyaar se

kuch kaam se bhy pohche saalo baad
Anjane me yusuf se hui mulakaat
pehchan na paaye vo yusuf ko
aur de rahe the bus uska saath

bahane se yusuf ne bhy to roka
baap ko laane ki zid bhi rakha
niraash hokar bhy gaao ko pohche
batayi puuri baat baap ko hue rote.

pareshan baap saalo tak the roye
Ansu khatam hue hogaye andhe
baccho ki baat man kar vo the chale
yusuf ki khushbu ko mehsus kare

bole mera baccha mere nazdeek hai
saalo baad the yusuf to dekhe
ek chand aur suraj the maa baap
Aur bhy the unke 11 sitaare

sabne milkar unko sajde kiye
Aur kardiya Allah ne us khvab ko puure
is khisse se tum ye hai sikhe

ke apne bhi kabi dete hai dhokhe
Kaafi hai bus Allah ka saath
Jo chodega na tabi tumara haath

ISA alayhis salaam

Isa nabi jab duniya me aaye
To ilzaam bohot the unpar lage
par choti umar me jab vo bolne lage
 To eeman sabke puqta hue

 In par injeel kitaab thi naazil
 khuda ki Kitaab jo hui thi kaamil
 Qoum unki bohot buri thi
 Nabiyo ki bohot si qatal kiye thi

 Jab unhone iraada kiya vahi Jo

To hukm diya Allah ne nabi ko
 jab ghera ghar unka To
 Allah ne uthaliya isa nabi ko

 unhi ki jagah dusre to tha rakha
 Jo dikhta huu ba huu nabi ke jaisa.
 logo ne unki badi berehmi se
 Katl kiya yun tha use latka ke
 samje saare ke maregaye nabi
 Par Quda ke paas vo zinda rahe

 unke vaapas aana tay hi hai
 ke vo qayamat ki nishani hai

ke nabi-e-isa ki vaapsi honi
isliye samhaljaao tum sab bhi
Nek raho apne mout tak bhi

MOHOMMAD (saw)

Aaqri nabi the nabi-e-Mohommad
Jo hai is puuri qoum ki ummat
Jab the nabi paida hue
  usse pehle hi vo yateem hue

  choti umar me hi bohot tha khoya
  halime ne unko duud pilaya
  Maa ke baad dada aur chacha ne paala
  Jinka paas vo pale aur bade
  chacha ke tijarat ko sambhale

bure mahoal me bhi nek rahe
Nek aurat ke saath shadi kiye
Umr 25 me nikah tha hua
  aur umr 40 me vahi thi mili

  dekh jibreel ko ghabraa vo gaye
  par bivi the unka haath thaame
  Nabi bangaye vo usi saal me
  Sacche the log pehle the maane

  par jab khudavandi ki daavat di
  To logo ne unki rusvayi ki
bohot kuch unhone tha thoya
bivi chacha aur baccha bhi

jang aur bhuuk sahe the par
har vaqt vo the sabr kiye
Allah ne phir dee daulat e-imaan
 aur dheere se logo me izaafa hua

 Mehraj ka vaqiya bhi mashuur hua
  jab namaz 5 vaqt paband hua
   Ramzan aur shab-e-qadar anmol hai
    Quran ko the vo thaame hue

Jo bhi hua tha us dour me
 vo aaj bhi har vaqt jaari hai
Jab nabi the sab kuch chodchale
Jaise puuri duniya rone lage

 is qoum ke liye bohot kuch kiye
  humne to sab kuch bhula hai diya
   hous-e- Kousar hai jiske naam par
    hum keu nahi amal karte sunnat par

   Allah hume amal karne ki taqat de
   ummat ki Shaan to barqarar rakhe
   Kousar ka paani hume naseeb
    hoo Hum jannat me nabi ke qareeb hoo

Bibliography

In the name of Allah with Whose name nothing can harm on earth or in heaven, and He is the All-Hearing, All-Knowing

O Allah, You are my Lord, there is no god but You, in You I put my trust, and You are Lord of the mighty Throne. Whatever Allah wills happens, and whatever Allah does not will does not happen. There is no power and no strength except with Allah, the Most High, the Most Great. I know that Allah has power to do all things and that Allah has encompassed all things by His knowledge. O Allah, I seek refuge with You from the evil of my own self, and the evil of every creature that You hold by its forelock. Verily my Lord is on a straight path

O Allaah, Lord of Jibreel (Gabriel), Michael and Israfeel, Creator of the heavens and the earth, Knower of the unseen and the seen, You are the Knower of the unseen and the seen, You will judge between Your slaves concerning that wherein they differ. Guide me to the truth of that wherein they differed by Your leave, for You guide whomsoever You will to the Straight Path

O Allah, help me, guide me, correct me, enable me to attain what is right and earn reward, and forgive me if I make a mistake or am deprived of an answer.

O my Lord! Open for me my chest (grant me self-confidence, contentment, and boldness); And ease my task for me; And make loose the knot (the defect) from my tongue, (i.e. remove the incorrectness from my speech), That they understand my speech

-Aameen

List of Contributors

The other books written by the author are-

GOLDEN ADVISE OF PARENTS

HALAL LOVE STORIES

Unsaid feelings

The 50 life lessons

Islamic lullabies

my journey of DYS

IBRAHIM alayhissalam

Chalo hum sune Qissa ibrahim nabi ka
Jo dete hai seekh sabr ka
vo the to pandit aazar ke bete
 par buto ki puja se nafrat the karte

Hai kon mera rab vo bohot the dhunde
 Suraj chand sitaro ko gour se dekhe
  Na mere rab ye sab hai k ye hai mithte
  Aaqir Allah ko rab the maane

Baap ko samjane ki koshish vo karte
 par baap unko nafrat se dekhe
 samjaya bhi logo ko bohot pyaar se
 par log sacchayi ka inkar the karte

Ek din gaao pura mele ko tha chala
 Aur tanha gao me ibrahim tha raha
  chote buto ko todkar rakha ek baaki
   thaama bade buth ke haath me hathodi

pohche log vapas aur hairan the deke
Ye haal bhuto ka kiya hai kisne
bole ke iske zimmedaar bus tum hoo
 saza k liye bus ab tum tayyar hoo

Gadde me ek gehri thi aag lagayi
 bina dare us me vo chale the gaye
 aur hukm Allah se vo phul bangaye
 logo ne is par pareshani jataye

saalo baad ek aulaad unko thi hui
imtehaan ka vo sabab bangayi
 bivi baccho ko lekar hukm tha aaya
 duur tanha vo unhe tha chodke aaya

Akele dono kuch dino tak rahe
 par bhuuk se dono pareshan hue
 chakkar kaat thi rahi unki maa
 pahad par jo tha safa aur marwa

vahi se shuru hua paani ka aana
 jo aaj bhi zam zam hai kehlaaya
  hukm sunkar ibrahim vapis loute
  dekh kar vo badlav hairan hue

Tanha jagah par hui thi aabadi
aur aane laga tha zam zam ka pani
Aulad ke zuba ka khvaab tha dekha
To jaakar bayan bacche se kiya

ismail ne ispar himmat dikhaya
 baba ko khwaab pura tha karne diya
 vaqt-e-agaz me sab badal tha Gaya
  bacche ki jagah par dumba aagaya

phir kaabe ko dono ne yun khada kiya
Tab se haj hum par farz hai hua

shuruvat bhi yahi se hui eid ki hui

is nabi se humko seekh ye mili
aazmaish me agar sabr tum karo
To jannat ko tum apne naam ka

Notes

You can follow the author on social media as-

Nabi_e_ummah on Instagram
Or
Charge_ur_eemaan on Instagram
Or
www.firdosetarannum@gmail.com

Made in the USA
Monee, IL
07 July 2026

56552324R00038